ATTENTION POISON!

de **Angèle Delaunois**

illustré par **François Thisdale**

Ombilic

Direction éditoriale et artistique : Angèle Delaunois
Édition électronique : Hélène Meunier
Révision linguistique : Marie-Ève Guimont

Dépôt légal : 4e trimestre 2009
Bibliothèque nationale du Québec
Bibliothèque nationale du Canada

**Nos plus sincères remerciements à Rinda Hartner, B.Sc. et Ginette Potvin, B.Sc.
infirmières en milieu scolaire, pour leur gentillesse, leur empathie et leur temps.**

Catalogage avant publication de Bibliothèque et Archives nationales du Québec et Bibliothèque et Archives Canada

Delaunois, Angèle

    Attention poison!

    (Ombilic ; n° 15)

    Pour enfants de 4 ans et plus.

    ISBN 978-2-923234-57-1

    1. Poisons - Ouvrages pour la jeunesse. 2. Substances dangereuses - Ouvrages pour la jeunesse. 3. Poisons - Sécurité - Mesures - Ouvrages pour la jeunesse. I. Thisdale, François, 1964-   . II. Titre. III. Collection: Ombilic ; no 15.

RA1214.D44 2009   j615.9   C2009-941815-0

 Nous remercions le Gouvernement du Québec
Programme de crédit d'impôt pour l'édition de livres – Gestion SODEC

 Conseil des Arts du Canada Canada Council for the Arts Nous remercions le Conseil des Arts du Canada de l'aide accordée à notre programme de publication.

 **ÉDITIONS DE L'ISATIS**
4829, avenue Victoria
MONTRÉAL - H3W 2M9
www.editionsdelisatis.com

ASSOCIATION NATIONALE DES ÉDITEURS DE LIVRES

 ENCRES SANS C.O.V.

Imprimé au Canada
Distributeur au Canada : Diffusion du livre Mirabel
Diffusion en Europe : Librairie du Québec à Paris

Sources Mixtes
Groupe de produits issu de forêts bien gérées et d'autres sources contrôlées.
www.fsc.org Cert no. SGS-COC-003342
© 1996 Forest Stewardship Council

À Ginette Potvin et Rinda Hartner,
les « anges-gardiennes » du professeur Ombilic.

SANS LES POISONS, LA VIE NE SERAIT PAS LA MÊME SUR LA TERRE. LES PLANTES, LES ANIMAUX ET LES HUMAINS FABRIQUENT ET UTILISENT DES POISONS.
PLUSIEURS INSECTES PIQUENT ET BEAUCOUP DE SERPENTS MORDENT. UN BON NOMBRE DE CHAMPIGNONS SONT VÉNÉNEUX. CERTAINS FRUITS SAUVAGES SONT AMERS. L'HERBE À LA PUCE OU L'ORTIE PROVOQUENT DES BOBOS QUAND ON LES TOUCHE.

CHAQUE ESPÈCE VIVANTE TROUVE DES TRUCS POUR SE DÉFENDRE.

Je me suis déjà fait piquer par une guêpe.
J'ai eu très mal !

DANS LA NATURE, IL EXISTE PLUSIEURS SORTES DE POISONS. CERTAINS GAZ SONT TRÈS TOXIQUES QUAND ON LES RESPIRE. IL Y A AUSSI DES POISONS LIQUIDES QUE TU PEUX AVALER, ET PLEIN DE TRUCS QUI VONT TE RENDRE MALADE SI TU LES MANGES.

UN POISON PEUT AUSSI TE FAIRE DU MAL S'IL EST EN CONTACT AVEC TA PEAU OU ENCORE SI TU TE FAIS PIQUER.

Même si ça a l'air très bon,
je ne mange pas de choses
que je ne connais pas.

LES HUMAINS ONT INVENTÉ BEAUCOUP DE POISONS.
CERTAINS SONT UTILES MAIS IL FAUT FAIRE
TRÈS ATTENTION EN LES MANIPULANT.
DANS TA MAISON, IL Y A ENVIRON 250 PRODUITS
DANGEREUX POUR TA SANTÉ SI TU NE LES UTILISES
PAS BIEN : LES PRODUITS POUR NETTOYER,
POUR ÉLIMINER LES INSECTES OU LA VERMINE,
LES MÉDICAMENTS, ETC. SANS COMPTER
LA FUMÉE DÉGAGÉE PAR LES CIGARETTES.

Ça fait beaucoup de choses à surveiller !

HOU LA LA!

SI TU ABSORBES UN POISON, TU SERAS MALADE BEAUCOUP PLUS VITE QU'UN ADULTE PARCE QUE TON CORPS EST PLUS PETIT QUE LE SIEN ET QUE TU RESPIRES DEUX FOIS PLUS VITE QUE LUI.

CHAQUE ANNÉE, DES MILLIERS D'ENFANTS SONT CONDUITS D'URGENCE À L'HÔPITAL PARCE QU'ILS ONT ÉTÉ EN CONTACT AVEC UN POISON.

TU PEUX TE DÉBARRASSER DES POISONS DE PLUSIEURS FAÇONS. TON URINE, TA SUEUR, L'AIR QUE TU REJETTES LORSQUE TU EXPIRES CONTIENNENT DES SUBSTANCES TOXIQUES. CERTAINS DE TES ORGANES INTERNES TRAVAILLENT À ÉLIMINER LES POISONS, COMME TON FOIE QUI EN DÉTRUIT CERTAINS ET TES REINS QUI SONT DES FILTRES EFFICACES. MAIS CE N'EST PAS TOUJOURS SUFFISANT.

LES POISONS SONT TELLEMENT COURANTS DANS NOTRE VIE QUE NOTRE CORPS A INVENTÉ DES ANTIPOISONS.

Et il y a aussi mes petits soldats,

les globules blancs présents dans mon sang,

qui montent la garde.

DANS LA CUISINE, LE PLACARD
QUI SE TROUVE SOUS L'ÉVIER CONTIENT
UNE FOULE DE PRODUITS DANGEREUX
QUI PEUVENT TE RENDRE TRÈS MALADE :
LE LAVE-VITRE, LE SAVON LIQUIDE,
EN BARRE OU EN POUDRE, L'EAU DE JAVEL,
LA CIRE POUR LES MEUBLES ET LE PLANCHER,
LES DÉTERGENTS, LES LIQUIDES
POUR DÉBOUCHER LES TUYAUX, ETC.

Maman a déménagé tous les produits de nettoyage dans un placard en hauteur, bien fermé.
Mon petit frère ne peut plus y toucher.

DANS LA SALLE DE BAINS, L'ARMOIRE À PHARMACIE CONTIENT LES MÉDICAMENTS. CE SONT TOUS DES POISONS QUAND ILS NE SONT PAS UTILISÉS COMME IL FAUT. SI UN REMÈDE EST CAPABLE DE TUER DES MICROBES, IL PEUT AUSSI TE RENDRE TRÈS MALADE.

À CET ENDROIT, IL Y A AUSSI PLEIN D'AUTRES PRODUITS QUE TU NE DOIS PAS AVALER : LES CRÈMES DE BEAUTÉ, LE SHAMPOOING, LE BAIN MOUSSANT, LE SAVON, LES PARFUMS, LES COLORANTS ET LES FIXATIFS À CHEVEUX, LE VERNIS À ONGLES, LE DISSOLVANT, ETC.

Même s'ils ont très bon goût,
je sais que les comprimés pour la fièvre,
les vitamines et le sirop ne sont pas
des friandises. Je n'en avale jamais
sans la supervision d'un adulte.
Même un tout petit peu.

DANGER!

BIEN D'AUTRES ENDROITS DE TA MAISON
ABRITENT DES PRODUITS DANGEREUX.
AU SOUS-SOL, DANS LE GARAGE OU DANS
LA REMISE, TES PARENTS RANGENT
LES POTS DE PEINTURE, LES SOLVANTS,
LES POISONS À RATS OU À FOURMIS,
L'ESSENCE, L'ALLUME-FEU ET LES BONBONNES
DE GAZ POUR
LE BARBECUE,
LES PESTICIDES,
LES HERBICIDES
POUR LE JARDIN,
LES PRODUITS
POUR LA
PISCINE...

DANS LE SALON ET LA SALLE À MANGER,
IL Y A LES BOUTEILLES D'ALCOOL ET DE VIN,
ET CERTAINES PLANTES QU'IL VAUT MIEUX ÉVITER.
DANS LES TIROIRS DES CHAMBRES, IL Y A PARFOIS
DES PETITES BOULES BLANCHES POUR EMPÊCHER
LES INSECTES DE MANGER LES VÊTEMENTS EN LAINE.
DANGER ! CE NE SONT PAS DES BONBONS !

Mon chien a déjà mâchouillé une plante.

Il a vomi partout !

Oups

LE PLUS SOUVENT, SUR LES CONTENANTS ET LES EMBALLAGES DES PRODUITS DANGEREUX, IL Y A DES PETITS DESSINS ENCADRÉS. C'EST IMPORTANT POUR TOI DE LES RECONNAÎTRE ET DE LES COMPRENDRE.

CE SYMBOLE SIGNIFIE QUE LE CONTENANT PEUT EXPLOSER S'IL EST CHAUFFÉ OU SI ON FAIT UN TROU DEDANS. EN EXPLOSANT, IL VA SE BRISER EN MILLE PETITS MORCEAUX QUI PEUVENT BLESSER GRAVEMENT TON CORPS, SURTOUT TES YEUX.

BOUM

CE DESSIN INDIQUE QUE LE PRODUIT EST CORROSIF.
CELA VEUT DIRE QU'IL PEUT BRÛLER TA PEAU
OU TES YEUX SI TU Y TOUCHES. SI TU L'AVALES,
IL CAUSERA DES BLESSURES GRAVES
À TA GORGE ET À TON ESTOMAC.

LES PETITES FLAMMES TE DISENT QUE
CE PRODUIT S'ENFLAMME FACILEMENT
SI ON LE MET À CÔTÉ D'UN POÊLE,
D'UN RADIATEUR, D'UN FEU DE FOYER
OU D'UN BARBECUE.
UN CHIFFON IMBIBÉ DE CETTE SUBSTANCE
PEUT S'ENFLAMMER AUSSI TRÈS FACILEMENT.

SI TU VOIS UNE TÊTE DE MORT SUR L'ÉTIQUETTE,
CELA SIGNIFIE QUE CE PRODUIT EST SUPER DANGEREUX
S'IL EST AVALÉ, LÉCHÉ OU MÊME RESPIRÉ. IL PEUT
PROVOQUER DES BLESSURES TRÈS GRAVES
ET MÊME FAIRE MOURIR.

SUR LES ÉTIQUETTES DES PRODUITS DANGEREUX,
IL Y A TOUJOURS DES DIRECTIVES QUI INDIQUENT
AUX ADULTES COMMENT LES UTILISER EN TOUTE
SÉCURITÉ ET DES INDICATIONS POUR SAVOIR
QUOI FAIRE EN CAS D'ACCIDENT.

MAIS C'EST MIEUX POUR TOI DE LES REGARDER DE LOIN.

QUELQUEFOIS, ON PEUT ÊTRE EN CONTACT AVEC DES POISONS SANS S'EN RENDRE COMPTE.

CHAQUE ANNÉE, ON TROUVE DES JOUETS QUI CONTIENNENT DU PLOMB ET ON LES ENLÈVE DES MAGASINS CAR LE PLOMB EST DANGEREUX POUR LA SANTÉ. LES ORNEMENTS DE NOËL QUI DÉCORENT LES SAPINS PEUVENT EN CONTENIR, SURTOUT S'ILS SONT ANCIENS.

ET IL NE FAUT PAS OUBLIER LA FUMÉE DES CIGARETTES QUI PEUT PROVOQUER DES PROBLÈMES GRAVES À LA LONGUE. S'IL Y A UN FUMEUR CHEZ TOI, C'EST PRÉFÉRABLE QU'IL AILLE FUMER DEHORS.

Le jouet que je préfère
est le train en bois
que mon papi m'a fabriqué.

tchOu tchoU

DEHORS, ADMIRE LES JOLIS CHAMPIGNONS SAUVAGES MAIS NE LES TOUCHE PAS. CERTAINS SONT VÉNÉNEUX ET MÊME MORTELS. QUANT AUX PETITS FRUITS QUE TU NE CONNAIS PAS, ILS PEUVENT TE DONNER MAL AU VENTRE. SI TU DOIS MARCHER DANS L'HERBE OU DANS LA FORÊT, PORTE DES VÊTEMENTS LONGS POUR ÉVITER D'ÊTRE PIQUÉ PAR DES PLANTES.

ET DANS LA RUE OU LA RUELLE, SI TU VOIS DES CHOSES BIZARRES COMME UNE SERINGUE, UNE BOUTEILLE, DES VIEUX CHIFFONS OU DES DÉCHETS, SURTOUT N'Y TOUCHE PAS ET VA CHERCHER UN ADULTE.

LA PLUPART DU TEMPS, SI UN INSECTE TE PIQUE, CE N'EST PAS CATASTROPHIQUE MAIS, DANS CERTAINS CAS, TU PEUX AVOIR UNE RÉACTION ALLERGIQUE. ON TE DONNERA UN MÉDICAMENT POUR TE SOIGNER.

EN VOYAGE, SI TU TE FAIS MORDRE OU PIQUER PAR UN ANIMAL VENIMEUX COMME UN SERPENT OU UN SCORPION, C'EST BEAUCOUP PLUS GRAVE.
IL FAUDRA TE RENDRE D'URGENCE À L'HÔPITAL POUR RECEVOIR UNE PIQÛRE D'ANTIDOTE, UN CONTREPOISON SPÉCIAL.

au secours!

AVEC TES PARENTS, VÉRIFIE LES CHOSES SUIVANTES, QUI PEUVENT ÉPARGNER BIEN DES SOUCIS À TOUT LE MONDE.

TOUS LES MÉDICAMENTS SONT-ILS CONSERVÉS DANS LEUR CONTENANT D'ORIGINE ET MUNIS DE BOUCHONS DE SÉCURITÉ, À L'ÉPREUVE DES PETITS CURIEUX ?

TOUS LES PRODUITS DANGEREUX SONT-ILS ENFERMÉS À CLÉ ?

LES PRODUITS DE NETTOYAGE SONT-ILS RANGÉS HORS DE PORTÉE DES BÉBÉS ?

LES PLANTES TOXIQUES SONT-ELLES SUSPENDUES LOIN DES ENFANTS ET DES ANIMAUX ?

À côté du téléphone, mon papa a inscrit le numéro du centre antipoison et celui de l'hôpital pour enfants les plus proches de chez nous, ainsi que le numéro d'urgence.

POUR ÉVITER LES ACCIDENTS CAUSÉS PAR DES POISONS :
- JE NE MANGE PAS ET JE NE BOIS PAS N'IMPORTE QUOI,
- JE NE TOUCHE PAS AUX MÉDICAMENTS, MÊME SI J'EN AI DÉJÀ PRIS QUAND J'ÉTAIS MALADE,
- J'APPRENDS À RECONNAÎTRE LES SYMBOLES DES PRODUITS DANGEREUX,

- JE SURVEILLE LES PETITS ENFANTS AUTOUR DE MOI POUR LES EMPÊCHER DE FAIRE DES BÊTISES,

- JE PROTÈGE MES YEUX ET MON NEZ QUAND ON VAPORISE DES PRODUITS SUR MOI ET AUTOUR DE MOI.

- JE ME MÉFIE DES PLANTES TOXIQUES, DES CHAMPIGNONS ET DES PETITS FRUITS QUE JE NE CONNAIS PAS.

On n'est jamais trop prudent!

Des petits livres qui répondent à de grandes questions :